Μαμά, το γνωρίζεις;

Γραμμένο από την Sarah Boutte
Εικονογράφηση από την Mira Kurkiala
Μετάφραση από την Ιωάννα Αθανασίου

Αφιερωμένο στον Emmett και στην Elise και σ'όλα τ'άλλα περίεργα μικρούλια εκεί πέρα!
Ελπίζω να βρείτε τις απαντήσεις που αναζητάτε!

Πνευματικά δικαιώματα © Κείμενα από την Sarah Boutte
Εικονογράφηση από την Mira Kiourkala
Μετάφραση από την Ιωάννα Αθανασίου

Κατωχυρωμένα πνευματικά δικαιώματα.
Το παρόν είναι έργο πνευματικής ιδιοκτησίας και προστατεύεται από τον ισχύοντα Νόμο. Απαγορεύεται απολύτως η άνευ γραπτής αδείας της συγγραφέως και της εικονογράφου, κατά οποιοδήποτε μέσο ή τρόπο, μερική ή ολική αντιγραφή, φωτοανατύπωση, και εν γένει αναπαραγωγή, αποθήκευση σε ηλεκτρονική ή άλλη μορφή μνήμης, εκμίσθωση ή δανεισμός, μετάφραση, διασκευή, αναπαραγωγή ή αναμετάδοση στο κοινό σε οποιαδήποτε μορφή (ηλεκτρονική, μηχανική ή άλλη), και η εν γένει εκμετάλλευση του συνόλου ή μερους του έργου.

Text c 2018 **by Sarah Boutte**
Illustrations c 2018 **by Mira Kurkiala**
All rights reserved
No part of this publication may be reproduced in whole or in part, or stored in a retrieval system, or transmitted in any form or by any means, electronic, mechanical, photocopying, recording, or otherwise, without expressed written consent and permission of the author and illustrator.
ISBN 978-0-578-52568-6

Περιεχόμενα

Τα κύματα της θάλασσας 1
Επιπλέει ή βουλιάζει; 6
Ο πύργος μου γέρνει και πέφτει 10
Η βροχή 18
Οι σταγόνες κολλούν στο τζάμι 22
Οι θαλάσσιες χελώνες 24
Η ανάπτυξη 26
Αγαπάς πιο πολύ εμένα ή τον αδερφό μου / την αδερφή μου; ... 28
Η μηλόπιτα 30
Βούρτσισε τα δόντια σου 32
Τα καλαμάρια κολυμπούν; 34
Πολύχρωμος κόσμος 38

Μαμά, τι προκαλεί τα κύματα στη θάλασσα;

Μήπως είναι οι φάλαινες που μπαίνουν στη σειρά και πλατσουρίζουν τις ουρές τους;

Αγάπη μου, σίγουρα αυτές θα μπορούσαν να σηκώσουν μεγάλα κύματα! Αλλά τα κύματα που παρατηρείς συνήθως προκαλούνται από τον άνεμο. Ο άνεμος πνέει πάνω από την επιφάνεια του νερού κι αυτό προκαλεί τον κυματισμό.

Το ύψος των κυμάτων εξαρτάται από την ταχύτητα του ανέμου, τη χρονική διάρκεια του ανέμου και την έκταση, ή τη συνολική επιφάνεια πάνω από την οποία αναπτύσσεται ο άνεμος.

Όποτε ένα ψαράκι πηδάει ή μια φάλαινα πλατσουρίζει, ακόμη κι αυτή η δύναμη προκαλεί κυματισμό - αλλά όπως ίσως ήδη παρατήρησες, αυτή η κίνησή τους σπρώχνει το νερό μακριά τους σαν τις πτυχές του υφάσματος. Αυτός ο κυματισμός απλώνει προς τα έξω σε κύκλους εξαιτίας αυτής της δύναμης, κι όχι γραμμικά όπως τα κύματα των ωκεανών.

Το κύμα σκάει, κάνει "προβατάκια" στην κορυφή του, επομένως είναι τόσο ψηλό όσο και το βάθος της θάλασσας.

Τι κάνει κάτι να επιπλέει ή να βουλιάζει;

Λοιπόν, για να σου δώσω απάντηση σ' αυτό το ερώτημά σου, πρέπει να γνωρίζεις τι είναι η πυκνότητα.

Η πυκνότητα…

Τέλεια! Πυκνότητα λέμε το μέγεθος της συγκεντρωμένης ύλης σε ενα συγκεκριμένο χώρο.

Τα πάντα στον κόσμο είναι φτιαγμένα από ύλη, η οποία αποτελείται από μόρια, κι αυτά απαρτίζονται από άτομα. Αν θέλεις να δεις με τι μοιάζουν τα μόρια, πρέπει να τα δεις από πολύ πολύ πολύ κοντά! Πιο κοντά απ΄ότι τα ματάκια σου μπορούν να επικεντρωθούν και να διακρίνουν.
Και θα τα έβλεπες κάπως έτσι:

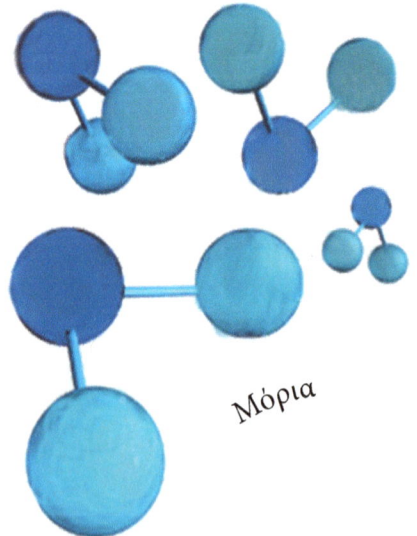
Μόρια

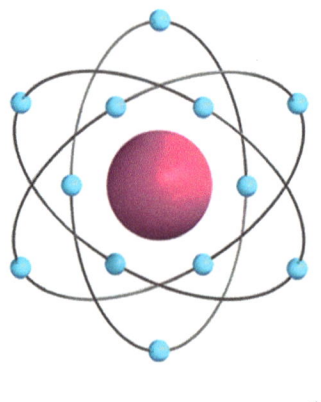
Άτομα

Διαφορετικά υλικά έχουν διαφορετική ποσότητα ύλης σε ένα συγκεκριμένο χώρο που καταλαμβάνουν και τα κάνει να είναι το είδος που είναι.
Σκέψου ένα μαξιλάρι γεμάτο με πούπουλα. Κι ένα άλλο μαξιλάρι γεμάτο με πέτρες.
Ποιό είναι πιο βαρύ;
Καταλαμβάνουν τον ίδιο χώρο, αλλά ποιό μαξιλάρι έχει περισσότερη ύλη μέσα του; Αυτό με τις πέτρες, σωστά; Άρα οι πέτρες έχουν μεγαλύτερη πυκνότητα από τα πούπουλα.

Σκέψου το κι αλλιώς: αν πάρεις το ίδιο βάρος από πέτρες και τις κρατάς στο ένα χέρι και το ίδιο βάρος από πούπουλα και προσπαθήσεις να τα κρατήσεις στο άλλο χέρι, τα πούπουλα θα χρειστούν ΠΟΛΥ περισσότερο χώρο στο χεράκι σου απ' ότι οι πέτρες, γιατί είναι λιγότερο πυκνά!

Τώρα που κατανοείς την πυκνότητα, το να καταλάβεις γιατί κάτι βουλιάζει ή επιπλέει είναι πλέον εύκολο.

Αν κάτι είναι πυκνότερο από το νερό, τότε βουλιάζει.
Αν κάτι είναι λιγότερο πυκνό από το νερό, τότε επιπλέει.

Μερικά υλικά είναι πιο αραιά από το νερό, κι άλλα πιο πυκνά.

Αν θέλεις να δεις αν κάτι είναι περισσότερο ή λιγότερο πυκνό από το νερό, απλά ρίξτο σε μια λεκάνη με νερό και δες τι θα συμβεί. Επιπλέει ή βουλιάζει;

Γιατί ο πύργος μου γέρνει και πέφτει;

Θυμάσαι που συζητούσαμε για την πυκνότητα και είπαμε ότι όλα είναι φτιαγμένα από ύλη; Λοιπόν, όταν πάρεις όλη την ύλη από την οποία αποτελείται ένα σώμα, και βρεις το σημείο που είναι πιο κοντά στο κέντρο του, αυτό λέγεται κέντρο βάρους ή κέντρο της μάζας.

Να μερικά σχήματα - για να δούμε, μπορείς να βρεις το κέντρο βάρους τους;

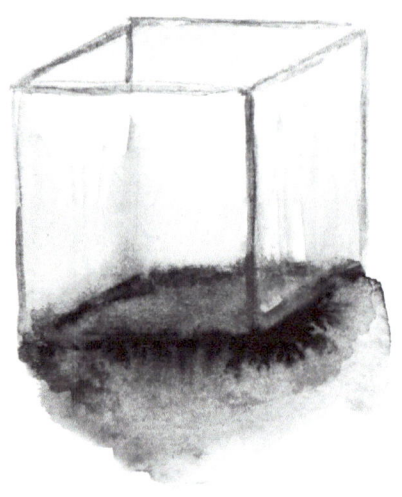 

Μπορείς να κοιτάξεις μερικά αντικείμενα γύρω μας και να βρεις το κέντρο βάρους τους;

Επίσης, όλα τα σώματα έχουν μια βάση. Η βάση είναι η επιφάνεια που κάθε σώμα καταλαμβάνει στο έδαφος που στηρίζονται. Η δικιά σου βάση είναι η επιφάνεια κάτω κι ενδιάμεσα απο τα πόδια σου όταν στέκεσαι.

Να μερικά παραδείγματα με τα αντικείμενα που είδαμε προηγουμένως.

Όποτε το κέντρο βάρους παραμένει μέσα στα περιθώρια της βάσης, το σώμα αυτό, ή στην περίπτωσή μας ο πύργος σου, μένει όρθιο.

Όποτε το κέντρο βάρους πέφτει έξω από τα περιθώρια της βάσης, το σώμα αυτό, ή ο πύργος σου, γέρνει και πέφτει.

Μαμά, από πού έρχεται η βροχή;

    Για να δούμε, αγάπη μου, τι νομίζεις;

Νομίζω ότι ο Θεός ανοίγει τις βρύσες του και ρίχνει κανάτια με νερό από εκεί ψηλά!

Πιθανώς να έχεις δίκιο.

Η επιστημονική εξήγηση είναι η εξής:

Πρώτα απ'όλα θα πρέπει να γνωρίζουμε ότι η βροχή είναι νερό. Το νερό μπορεί να έχει τρεις διαφορετικές μορφές, ανάλογα με τη θερμοκρασία του.
Τι συμβαίνει όταν βάλουμε το νερό στην κατάψυξη;
Γίνεται ΠΑΓΟΣ, μια στερεή μορφή.

Τι συμβαίνει όταν το βγάλεις από την κατάψυξη; Μετατρέπεται πάλι σε υγρό. Σε αυτή τη μορφή βλέπεις το νερό όταν τρέχει από τη βρύση, στη μπανιέρα μας και στα ποτάμια, στις λίμνες, όπως επίσης και στη βροχή.

Αν ζεστάνεις το νερό στην κουζίνα, ή στη φωτιά, εξατμίζεται στον αέρα, ή αλλιώς λέμε ότι μετρέπεται σε ατμό. Είδες την κατσαρόλα όταν βράζει το νερό;
Επιπλέον όταν το νερό αλλάζει μορφή, παράγει ενέργεια.
Ο ήλιος θερμαίνει την επιφάνεια της γης, πράγμα που κάνει το νερό να εξατμίζεται στην ατμόσφαιρα.

Όταν ο ήλιος ζεσταίνει τη γη, δεν το κάνει ομοιόμορφα. Κάποιες περιοχές ζεσταίνονται περισσότερο από άλλες. Αυτή η θερμότητα προκαλεί επίσης την άνοδο του αέρα ψηλότερα. Ο θερμός αέρας ανεβαίνει ψηλότερα, κι αυτό ρίχνει την πίεση στην ατμόσφαιρα.

Κάποιες περιοχές λοιπόν έχουν ζεστό, ανερχόμενο αέρα, με χαμηλή πίεση. Κι άλλες περιοχές έχουν ψυχρότερο, πυκνότερο αέρα με υψηλότερη πίεση.

Ο ψυχρός αέρας είναι πιο πυκνός, κι έτσι μένει πιο χαμηλά και γενικότερα είναι πιο σταθερός.

Καθώς ανεβαίνουμε ψηλότερα στον ουρανό, η θερμοκρασία του αέρα πέφτει, γίνεται ψυχρότερος -εκτός κι αν υπάρχει αναστροφή της θερμοκρασίας, αλλά για τούτο θα μιλήσουμε άλλη φορά.

Οι υδρατμοί είναι λιγότερο πυκνοί από τον αέρα. Το νερό στην υγρή του μορφή είναι περισσότερο πυκνό από τον αέρα.

Ο αέρας που ανεβαίνει παρασύρει μαζί του και υδρατμούς σε ύψη που η θερμοκρασία της ατμόσφαιρας είναι πιο ψυχρή, κι έτσι οι υδρατμοί παίρνουν πάλι την υγρή μορφή της βροχής. Μπορεί επίσης να ανεβούν τόσο ψηλά που παγώνουν, και μετατρέπονται σε χαλάζι ή χιόνι.
Όταν το νερό αλλάζει μορφή από υδρατμός -που είναι λιγότερο πυκνός από τον αέρα-, και παίρνει την υγρή μορφή του νερού -που είναι πιο πυκνό από τον αέρα- "βουλιάζει" ή … πέφτει σαν βροχή, χιόνι ή χαλάζι. Εξαρτάται από το πόσο κρύος είναι ο αέρας εκεί πάνω…

Μαμά, τι κάνει τις σταγόνες της βροχής να κολλούν στο τζάμι;

Τα μόρια της βροχής έχουν την τάση να έλκονται το ένα με το άλλο, να μένουν μαζί. Αυτό λέγεται συνοχή.
Επίσης κολλούν και σε άλλα υλικά. Αυτό λέγεται συνάφεια. Υπάρχει ακόμα μια ιδιότητα του νερού που λέγεται επιφανειακή τάση και θα μιλήσουμε μιαν άλλη φορά για το θέμα αυτό.

Το νερό έχει το πιο κολλώδες μόριο - πιο πολύ από τα άλλα μη-μεταλλικά υγρά. Αυτό οφείλεται στο ότι το μοριο του νερού έχει τέτοια δομή, που τα θετικά και τα αρνητικά του σωματίδια μπαίνουν σε τέτοια σειρά, έτσι ώστε το ένα να τραβά το άλλο σα μαγνήτης.
Έχουν συνοχή και προσκολλώνται το ένα στο άλλο, αλλά έχουν επιπλέον την ιδιότητα της συνάφειας κι έτσι κολλούν και στο τζάμι. Μέχρι η δύναμη της βαρύτητας να τα κάνει να κυλήσουν προς τα κάτω.

Γιατί οι θαλάσσιες χελώνες δεν κρυώνουν ενώ είναι όλη τη μέρα μέσα στο νερό;

Αυτή είναι μια πολύ καλή ερώτηση! Οι θαλάσσιες χελώνες είναι εξώθερμες, ή αλλιώς ποικιλόθερμες. Αυτό σημαίνει ότι το σώμα τους δεν ρυθμίζει την θερμοκρασία του όπως το δικό μας.
Εμείς είμαστε ομοιόθερμοι, γιατί το σώμα μας ρυθμίζει μόνο του τη θερμοκρασία του με έναν εσωτερικό μηχανισμό. Η θερμοκρασία του σώματος μιας θαλάσσιας χελώνας αλλάζει ανάλογα με τη θερμοκρασία του περιβάλλοντός της.
Γι' αυτό θα δεις κι άλλα ερπετά, όπως οι σαύρες, να ξαπλώνουν και να λιάζονται πάνω σ' έναν ζεστό βράχο μια δροσερή μέρα.

Αλλά οι θαλάσσιες χελώνες χρειάζεται να μένουν στο νερό, που έχει τη σωστή θερμοκρασία για το σώμα τους, άρα δεν κρυώνουν. Καθώς οι εποχές αλλάζουν κι ανάλογα μεταβάλλεται κι η θερμοκρασία του νερού, ταξιδεύουν στο νερό που έχει την κατάλληλη θερμοκρασία, αυτήν που χρειάζονται.

Είναι ενδιαφέρον όμως που ρωτάς για τις θαλάσσιες χελώνες. Έχουν μερικούς επιπλέον τρόπους να ρυθμίζουν τη θερμοκρασία του σώματός τους.

Το σώμα τους τούς επιτρέπει να κρατάνε το αίμα τους ως επί το πλείστον προς το εσωτερικό κι αποτρέπει το αίμα τους να πηγαίνει προς τα άκρα όταν είναι σε κρύο νερό.

Όταν όμως βρίσκονται σε θερμότερα νερά, μπορούν να στέλνουν το αίμα τους προς τα άκρα τους, ώστε να ζεσταίνονται. Παρόλο που δεν έχουν έναν εσωτερικό ρυθμιστή της θερμοκρασίας όπως εμείς, αυτό τις βοηθά λίγο.

Για παράδειγμα ξέρεις πότε έχεις πυρετό; Όταν το σώμα σου προσπαθεί να ρυθμίσει τη θερμοκρασία του και την ανεβάζει, ζεσταίνεται για να σκοτώσει τα μικρόβια που σε αρρωσταίνουν.

Οι θαλάσσιες χελώνες δεν μπορούν να έχουν πυρετό. Επίσης δεν αισθάνονται το κρύο όπως εσύ, γιατί δεν έχουν ρυθμιστή θερμοκρασίας στο σώμα τους όπως εσύ!

Πώς αναπτύσσονται τα πάντα γύρω μας;
Πρώτα απ' όλα να δούμε τι πρέπει να ξέρουμε για να απαντήσουμε αυτή την ερώτηση.
Κάθε ζωντανός οργανισμός ξεκινά με ένα μόνο κύτταρο.
Το σώμα μας αποτελείται από πολλά διαφορετικά κύτταρα, με διαφορετικές λειτουργίες και ρόλους. Κάθε κύτταρο εχει τον κύκλο ζωής του. Πρώτα μεγαλώνει και ξεκουράζεται, μετά αντιγράφει το DNA του και μετά χωρίζεται σε δύο κύτταρα. Το κύτταρο συλλέγει ενέργεια - από το στομάχι σου. από όλο εκείνο το καλό και υγιεινό φαγητό που τρως- και τη χρησιμοποιεί αύτη την ενέργεια για να μεγαλώσει, να αντιγράψει το DNA του και μετά να χωριστεί.
Κι έπειτα τα δυο νέα κύτταρα κάνουν το ίδιο. Κάνοντας έτσι τα οστά σου μακρύτερα, τους μυς σου μεγαλύτερους και δυνατότερους και γενικότερα αναπτύσσοντας το σώμα σου ακόμη περισσότερο μέρα με τη μέρα.

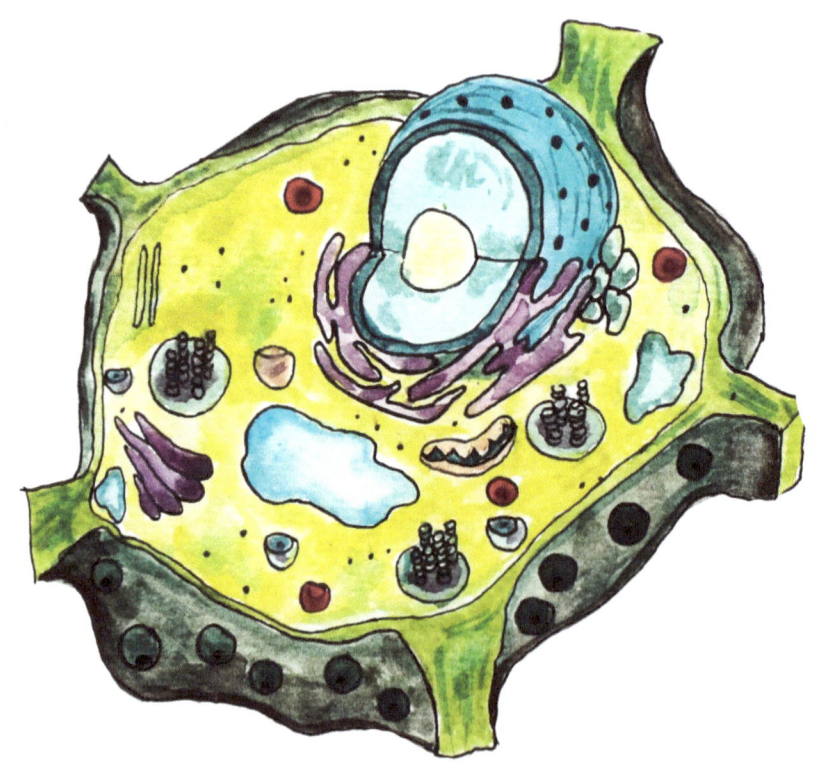

Τα φυτά έχουν ιδιαίτερους ιστούς, ή ομάδες από κύτταρα, που λέγονται μεριστωματικοί ιστοί. Οι μεριστωματικοί ιστοί της ρίζας τους αναπαράγονται και μεγαλώνουν και πάνε πιο βαθειά στο χώμα. Επίσης οι μεριστωματικοί ιστοί του στελέχους, ή αλλιώς του μίσχου, αναπαράγονται και μεγαλώνουν και το φυτό ψηλώνει και βγάζει νέα βλαστάρια. Υπάρχει και μια τρίτη ομάδα μεριστωματικών ιστών που φαίνεται πιο παχυά, σαν δαχτυλίδι, πάνω στο κοτσάνι, απ' όπου μερικά φυτά αναπτύσσονται και μεγαλώνουν και απλώνονται και προς τα έξω. Αλλά κάνουν ακριβως το ίδιο πράγμα: τα κύτταρα μεγαλώνουν, αντιγράφουν το DNA τους και μετά χωρίζονται και πολλαπλασιάζονται. Και μετά μεγαλώνουν κατά πλάτος, ή και ψηλώνουν, κι αυτό επαναλαμβάνεται πολλές φορές.

Μαμά, ποιόν αγαπάς πιο πολύ; εμένα ή τον αδερφό μου / την αδερφή μου;

Λοιπόν, αγάπη μου…

Όταν με ρωτάς κάτι τέτοιο, απλά σημαίνει ότι θέλεις να αισθάνεσαι ξεχωριστός / ξεχωριστή.

Έχεις αντιληφθεί πόσο ξεχωριστός / ξεχωριστή είσαι για μένα, καρδιά μου;
Δεν υπάρχει άλλος στη γη σαν κι εσένα! Είσαι μοναδικός / μοναδική!
Δεν θα μπορούσες να είσαι πιο σημαντικός / σημαντική και πιο μονάκριβος / μονάκριβη για μένα.
Είσαι απόλυτα αξιαγάπητος / αξιαγάπητη και σε λατρεύω ακριβώς γι'αυτό που είσαι!

Δεν χρειάζεται να πείς ή να κάνεις κάτι διαφορετικό απ' ό,τι κάνεις, ή να είσαι κάτι άλλο απ΄αυτό ακριβώς που είσαι. Ξερω την καρδούλα σου.

Οι μαμάδες έχουν μια υπερδύναμη, το ξέρεις;
Όσα παιδάκια και να έχουν, η αγάπη τους ξεχυλίζει από μέσα τους για τα παιδάκια τους σαν μια ανεξάντλητη πηγή. Πάντα υπάρχει παραπανίσια αγάπη, αρκετή για όλα τα παιδάκια τους, όσα παιδάκια και να έχουν.

Κι έτσι δεν χρειάζεται ποτέ να ανησυχείς γι' αυτό το θέμα. Το μόνο που χρειάζεται να ξέρεις είναι ότι είσαι αξιολάτρευτος / αξιολάτρευτη, γλυκό μου παιδάκι.

Μαμά, από πού παίρνει η γιαγιά αυτές τις λαχταριστές μηλόπιτες που έχει στο σπίτι της;

Λοιπόν, τις φτιάχνει με αγνά υλικά κι αγάπη!

Με αγνά υλικά σημαίνει ότι ανακατεύει όλα τα υλικά μόνη της και τη φτιάχνει από την αρχή. Τίποτα δεν είναι προπαρασκευασμένο.
Ευτυχώς, λέγοντας "αγνά υλικά" δεν σημαίνει ότι τα φτιάχνει κι αυτά η γιαγιά. Αυτό θα χρειαζόταν τόσο πολύ κόπο!

Τα μήλα έρχονται από τον οπωρώνα, το αλεύρι από τους αγρούς.
Ο παραγωγός μήλων έπρεπε αρχικά να φυτέψει τ δέντρα, να τα ποτίσει και να τους προσφέρει ήλιο και έδαφος με καλά συστατικά. Στη συνέχεια έπρεπε να φροντίζει τα δέντρα και να περιμένει να μεγαλώσουν τα μήλα. Μόλις ωριμάσουν κι είναι έτοιμα, πρέπει να μαζευτούν και να διαλεχτούν. Πρέπει να εξεταστούν ένα προς ένα, ώστε να είναι βέβαιος ο παραγωγός ότι είναι σε καλή κατάσταση κι είναι φαγώσιμα. Όποιος κάνει τη διαλογή, πρέπει να γνωρίζει τι ζητά. Πρέπει να ελέγξει ότι τα μήλα δεν έχουν σάπια σημεία, ή σημεία που ένα σκουληκάκι τσίμπησε μια μπουκιά!
Μόλις ξεδιαλεχτούν, τα καλά είναι έτοιμα να πάνε στην αγορά ή στο τραπέζι σου.

Για να πάρει ο γεωργός το σιτάρι, πρέπει να φυτέψει τους σπόρους, να τους ποτίσει, να μεγαλώσουν τα στάχυα και μετά να μαζέψει τη σοδειά του, να θερίσει με το τρακτέρ του. Μετά το σιτάρι πάει στο εργοστάσιο και αλέθεται, γίνεται αλεύρι.

Το βούτυρο βγαίνει από το γάλα, που σημαίνει ότι το γάλα ανακατώθηκε ξανά και ξανά και χτυπήθηκε σε ειδικά δοχεία για πολλές ώρες. Αυτό προϋποθέτει ότι ο κτηνοτρόφος έπρεπε να ταΐσει και να φροντίσει τις αγελάδες του και μετά να τις αρμέξει τραβώντας τα μαστάρια τους. Έτσι παίρνει το γάλα και στη συνέχεια το ανακατεύει και το χτυπά, ώστε να πάρει το βούτυρο.

Η ζάχαρη προέρχεται από το ζαχαροκάλαμο. Κι αυτό επίσης πρέπει να φυτευθεί, να μεγαλώσει και μετά να το μαζέψουν. Επομένως κάποιος πρέπει να ποτίσει και να δώσει τροφή και στα φυτά, να περιποιηθεί επίσης τους αγρούς και το έδαφος, το χώμα.

Μαμά, γιατί θα πρέπει να βουρτσίζω τα δόντια μου;

Αυτό είναι πανεύκολο να στο εξηγήσω!

Πρώτα απ' όλα, αν δεν βουρτσίζεις τα δόντια σου, το στόμα σου κι η αναπνοή σου θα μυρίζουν πολύ πολύ πολύ άσχημα!
Έχεις μυρίσει ποτέ τη δυσοσμία από την ανάσα κάποιου που δεν έπλυνε τα δόντια του;
Δεν θυμάσαι; Α! Σίγουρα θα το θυμόσουν αν το είχες πάθει!

Η απαίσια αυτή μυρωδιά θα σε έριχνε κάτω, θα σε έκανε να φύγεις χιλιόμετρα μακριά!
ΤΟΣΟ ΒΡΩΜΕΡΗ!

Το πρόβλημα όμως είναι ότι οι άνθρωποι δε μπορούν να μυρίσουν την αναπνοή τους. Κι έτσι ο ίδιος δεν τη μυρίζεις, ωστόσο οι άλλοι μπορούν και την διακρίνουν!

Ο άλλος λόγος είναι ότι όταν βουρτσίζεις τα δόντια σου, όλα τα μικρόβια και τα βακτηρίδια φεύγουν. Δεν μένει τροφή για τα βακτηρίδια να μεγαλώσουν και να προκαλέσουν φθορά στα δόντια σου. Βούρτσιζε τα δόντια σου για να κρατάς τα βακτηρίδια μακρυά!

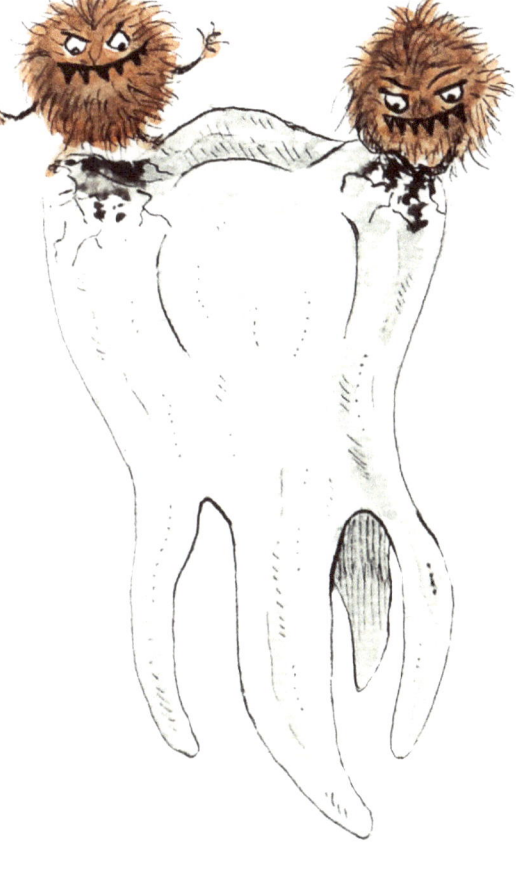

Πώς κινούνται τα καλαμάρια μέσα στο νερό;

Εννοείς πώς κολυμπούν; ή πώς κινούν τα χέρια τους;

Κολυμπούν με έναν θαυμαστό τρόπο, χρησιμοποιώντας κάτι που λέγεται προωθητική εξώθηση. Ρουφάνε, λοιπόν, το νερό σε έναν μυώδη σάκο μέσα στο μανδύα τους και μετά το εκτοξεύουν με δύναμη πρός τα έξω, μέσα από μια μικρή τρυπούλα. Αυτό τους δίνει ώθηση μέσα στη θάλασσα και ταξιδεύουν από ωκεανό σε ωκεανό.
Τα καλαμάρια κινούν τα πλοκάμια τους, δηλαδή τα χέρια τους, με τον ίδιο τρόπο που τα κινούμε κι εμείς. Οι μυώδεις ιστοί μας συσπώνται, κάνοντας τους μυς μας κοντύτερους ή μακρύτερους, κι έτσι κινείται το σώμα μας. Με τον ίδιο τρόπο, το καλαμάρι κινεί τα πλοκάμια του γύρω από το δικό της σώμα, όπως επίσης και τα πτερύγιά του.

Γιατί ο Θεός δεν χρωμάτισε τον κόσμο όπως το ουράνιο τόξο;

Λοιπόν, αγάπη μου, υπάρχουν μερικά ερωτήματα που ούτε οι μεγάλοι δεν γνωρίζουν πώς να τα απαντήσουν. Μερικές ερωτήσεις απλά δεν έχουν απάντηση. Θα σου μιλησω μόνο για τα θέματα που γνωρίζω.

Μερικά πράγματα έχουν μόνο ένα χρώμα, γιατί έτσι χρειάζεται να είναι. Όπως το γρασίδι. Είναι πράσινο γιατί έχει χλωροφύλη που είναι απαραίτητη για το γρασίδι, για να κατασκευάσει το φαγητό του.
Αυτό επίσης ισχύει και για τα δέντρα και γενικότερα για όλα τα φυτα.

Μερικά ζώα έχουν ένα χρώμα για να μπορούν να κρύβονται και να μην διακρίνονται, να αφομοιώνονται με το περιβάλλον. Μερικά ζώα μπορούν να αλλάζουν το χρώμα τους για τον σκοπό αυτό.

Άλλα αντικείμενα έχουν αυτό το χρώμα, επειδή έτσι το βλέπουμε εμείς. Είναι επειδή το φως αντανακλάται από το αντικείμενο που κοιτάζεις.

Να λοιπόν πώς βλέπουμε τα χρώματα:

Μια ακτίνα φωτός είναι ένα ηλεκτρομαγνητικό κύμα, κι ανάλογα με τη συχνότητα των κυμάτων είναι και το είδος του χρώματος.
Η συχνότητα εξαρτάται από το μέγεθος και την απόσταση μεταξύ των κυμάτων.
Το εύρος της συχνότητας που το ανθρώπινο μάτι μπορεί να διακρίνει λέγεται ορατό φως.
Το λευκό φως απαρτίζεται από όλα τα χρώματα του ορατού φωτός: κόκκινο, πορτοκαλί, κίτρινο, πράσινο, μπλε και μωβ.

Διάσπαση είναι το να μπορείς να ξεχωρίζεις το ορατό φως στα συστατικά του, δηλαδή στα χρώματα που το απαρτίζουν. Μπορείς να το κάνεις αυτό με το πρίσμα.

Η επιφάνεια ενός σώματος αντανακλά μερικά χρώματα, ενώ ταυτόχρονα απορροφά άλλα. Αυτά που αντανακλά είναι και το χρώμα που βλέπεις. Το λευκό είναι η αντανάκλαση όλων των χρωμάτων μαζί. Το μαύρο το βλέπεις όταν όλα τα χρώματα απορροφώνται.

Μαμά, πώς γνωρίζεις τόσα πολλά;

Λοιπόν, αγάπη μου… δεν γνωρίζω πολλά. Απλά προσπαθώ συνεχώς να μαθαίνω περισσότερα. Ξέρεις όμως τι γνωρίζω πολύ καλά;

Πόσο πολύ σ'αγαπώ!

ΠΟΛΥ ΠΟΛΥ ΠΟΛΥ!

www.ingramcontent.com/pod-product-compliance
Lightning Source LLC
Chambersburg PA
CBHW041157290426
44108CB00003B/93